SO-CWR-960

IMPROVING SPELLING PERFORMANCE

Second Edition

Student Edition

Block III

Cedar Rapids Community Schools

Cedar Rapids, Iowa

Edited by

Mildred L. Middleton

Kendall/Hunt
Publishing Company
Dubuque, Iowa

Improving Spelling Performance
Cedar Rapids, Iowa Community Schools Program

Editorial Consultant

Mildred L. Middleton, former Language Arts Coordinator for Cedar Rapids, Iowa Community Schools

Research

Dr. George Ross, Director of Research and Evaluation, Cedar Rapids Community Schools

Copyright © 1981, 1986 by Kendall/Hunt Publishing Company

ISBN 0-8403-3895-3

All rights reserved. No part of this publication may be reproduced,
stored in a retrieval system, or transmitted, in any form or by any
means, electronic, mechanical, photocopying, recording, or otherwise,
without the prior written permission of the copyright owner.

Printed in the United States of America
10 9 8 7 6 5 4 3 2 1

E   403895   01

Contents

Improving Spelling Performance
To the Student

Your spelling book is called *Improving Spelling Performance*.

Look at the Table of Contents to locate the materials that will help you learn to spell.

On page 1 there is a Leveling Test.

On pages 3–56 there are Pretest-Posttest Practice Sheets.

On pages 57–72 there are Maintenance Test Sheets.

On pages 73–128 there are 27 Weekly Word Lists.

On pages 129–136 there are Personal Lists for you to use when you need to study words missed in your writing.

On the inside of the front cover you will find the Approved Study Method which will help you learn how to spell.

On the inside cover of the back of your book you will find a Performance Chart to keep a record of your success in spelling.

Helpful spelling rules are found on the back of your spelling book.

Good spellers can—

- Correct their own mistakes in spelling.
- Study independently without too much help from other people.
- Proofread all their written work for spelling errors.
- Write plainly without marking out letters, erasing letters or words, or scribbling out words.
- Work for perfect papers in spelling.

NAME _Toby_____

Improving Spelling Performance
Pretest Practice Sheet
Block III

DATE _____WEEK _____ LEVEL _____

Pretest		Practice

Pretest

1. _____
2. _____
3. _____
4. _____
5. _____
6. _____
7. _____
8. _____
9. _____
10. _____
11. _____
12. _____
13. _____
14. _____
15. _____
16. _____
17. _____
18. _____
19. _____
20. _____

Practice

1. _____
2. _____
3. _____
4. _____
5. _____

1. _____
2. _____
3. _____
4. _____
5. _____

1. _____
2. _____
3. _____
4. _____
5. _____

1. _____
2. _____
3. _____
4. _____
5. _____

1. _____
2. _____
3. _____
4. _____
5. _____

1. _____
2. _____
3. _____
4. _____
5. _____

1. _____
2. _____
3. _____
4. _____
5. _____

1. _____
2. _____
3. _____
4. _____
5. _____

NAME ___Toby___

Improving Spelling Performance
Posttest Practice Sheet
Block III

DATE _____ WEEK _____ LEVEL _____

Posttest	**Practice**	
1. _____	1. _____	1. _____
2. _____	2. _____	2. _____
3. _____	3. _____	3. _____
4. _____	4. _____	4. _____
5. _____	5. _____	5. _____
6. _____	1. _____	1. _____
7. _____	2. _____	2. _____
8. _____	3. _____	3. _____
9. _____	4. _____	4. _____
10. _____	5. _____	5. _____
11. _____	1. _____	1. _____
12. _____	2. _____	2. _____
13. _____	3. _____	3. _____
14. _____	4. _____	4. _____
15. _____	5. _____	5. _____
16. _____	1. _____	1. _____
17. _____	2. _____	2. _____
18. _____	3. _____	3. _____
19. _____	4. _____	4. _____
20. _____	5. _____	5. _____

Total Correct _____   Total Missed _____

NAME _Toby_____

Improving Spelling Performance
Pretest Practice Sheet
Block III

_____ WEEK _____ LEVEL _____

Pretest	**Practice**	
_____	1. _____	1. _____
2. _____	2. _____	2. _____
3 _____	3. _____	3. _____
4. _____	4. _____	4. _____
5. _____	5. _____	5. _____
6. _____	1. _____	1. _____
7. _____	2. _____	2. _____
8. _____	3. _____	3. _____
9. _____	4. _____	4. _____
10. _____	5. _____	5. _____
11. _____	1. _____	1. _____
12. _____	2. _____	2. _____
13. _____	3. _____	3. _____
14. _____	4. _____	4. _____
15. _____	5. _____	5. _____
16. _____	1. _____	1. _____
17. _____	2. _____	2. _____
18. _____	3. _____	3. _____
19. _____	4. _____	4. _____
20. _____	5. _____	5. _____

NAME _Toby_____

Improving Spelling Performance
Posttest Practice Sheet
Block III

DATE _____ WEEK _____ LEVEL _____

Posttest	Practice	
1. _____	1. _____	1. _____
2. _____	2. _____	2. _____
3. _____	3. _____	3. _____
4. _____	4. _____	4. _____
5. _____	5. _____	5. _____
6. _____	1. _____	1. _____
7. _____	2. _____	2. _____
8. _____	3. _____	3. _____
9. _____	4. _____	4. _____
10. _____	5. _____	5. _____
11. _____	1. _____	1. _____
12. _____	2. _____	2. _____
13. _____	3. _____	3. _____
14. _____	4. _____	4. _____
15. _____	5. _____	5. _____
16. _____	1. _____	1. _____
17. _____	2. _____	2. _____
18. _____	3. _____	3. _____
19. _____	4. _____	4. _____
20. _____	5. _____	5. _____

Total Correct _____   Total Missed _____

14

Improving Spelling Performance
Pretest Practice Sheet
Block III

DATE _____ WEEK _____ LEVEL _____

Pretest		**Practice**	
1. _____	1. _____	1. _____
2. _____	2. _____	2. _____
3. _____	3. _____	3. _____
4. _____	4. _____	4. _____
5. _____	5. _____	5. _____
6. _____	1. _____	1. _____
7. _____	2. _____	2. _____
8. _____	3. _____	3. _____
9. _____	4. _____	4. _____
10. _____	5. _____	5. _____
11. _____	1. _____	1. _____
12. _____	2. _____	2. _____
13. _____	3. _____	3. _____
14. _____	4. _____	4. _____
15. _____	5. _____	5. _____
16. _____	1. _____	1. _____
17. _____	2. _____	2. _____
18. _____	3. _____	3. _____
19. _____	4. _____	4. _____
20. _____	5. _____	5. _____

NAME *Toby*

Improving Spelling Performance
Posttest Practice Sheet
Block III

DATE _____ WEEK _____ LEVEL _____

Posttest   ### Practice

1. _____   1. _____   1. _____
2. _____   2. _____   2. _____
3. _____   3. _____   3. _____
4. _____   4. _____   4. _____
5. _____   5. _____   5. _____
6. _____   1. _____   1. _____
7. _____   2. _____   2. _____
8. _____   3. _____   3. _____
9. _____   4. _____   4. _____
10. _____   5. _____   5. _____
11. _____   1. _____   1. _____
12. _____   2. _____   2. _____
13. _____   3. _____   3. _____
14. _____   4. _____   4. _____
15. _____   5. _____   5. _____
16. _____   1. _____   1. _____
17. _____   2. _____   2. _____
18. _____   3. _____   3. _____
19. _____   4. _____   4. _____
20. _____   5. _____   5. _____

Total Correct _____   Total Missed _____

16

Improving Spelling Performance
Pretest Practice Sheet
Block III

DATE _____ WEEK _____ LEVEL _____

Pretest		Practice
1. _____	1. _____	1. _____
2. _____	2. _____	2. _____
3. _____	3. _____	3. _____
4. _____	4. _____	4. _____
5. _____	5. _____	5. _____
6. _____	1. _____	1. _____
7. _____	2. _____	2. _____
8. _____	3. _____	3. _____
9. _____	4. _____	4. _____
10. _____	5. _____	5. _____
11. _____	1. _____	1. _____
12. _____	2. _____	2. _____
13. _____	3. _____	3. _____
14. _____	4. _____	4. _____
15. _____	5. _____	5. _____
16. _____	1. _____	1. _____
17. _____	2. _____	2. _____
18. _____	3. _____	3. _____
19. _____	4. _____	4. _____
20. _____	5. _____	5. _____

NAME _Toby_

Improving Spelling Performance
Posttest Practice Sheet
Block III

DATE _____ WEEK _____ LEVEL _____

Posttest	**Practice**	
1. _____	1. _____	1. _____
2. _____	2. _____	2. _____
3. _____	3. _____	3. _____
4. _____	4. _____	4. _____
5. _____	5. _____	5. _____
6. _____	1. _____	1. _____
7. _____	2. _____	2. _____
8. _____	3. _____	3. _____
9. _____	4. _____	4. _____
10. _____	5. _____	5. _____
11. _____	1. _____	1. _____
12. _____	2. _____	2. _____
13. _____	3. _____	3. _____
14. _____	4. _____	4. _____
15. _____	5. _____	5. _____
16. _____	1. _____	1. _____
17. _____	2. _____	2. _____
18. _____	3. _____	3. _____
19. _____	4. _____	4. _____
20. _____	5. _____	5. _____

Total Correct _____   Total Missed _____

NAME _Toby_

Improving Spelling Performance
Pretest Practice Sheet
Block III

DATE _____ WEEK _____ LEVEL _____

Pretest

1. _____
2. _____
3. _____
4. _____
5. _____
6. _____
7. _____
8. _____
9. _____
10. _____
11. _____
12. _____
13. _____
14. _____
15. _____
16. _____
17. _____
18. _____
19. _____
20. _____

Practice

1. _____
2. _____
3. _____
4. _____
5. _____

1. _____
2. _____
3. _____
4. _____
5. _____

1. _____
2. _____
3. _____
4. _____
5. _____

1. _____
2. _____
3. _____
4. _____
5. _____

1. _____
2. _____
3. _____
4. _____
5. _____

1. _____
2. _____
3. _____
4. _____
5. _____

1. _____
2. _____
3. _____
4. _____
5. _____

1. _____
2. _____
3. _____
4. _____
5. _____

NAME __Toby__

Improving Spelling Performance
Posttest Practice Sheet
Block III

DATE _____ WEEK _____ LEVEL _____

Posttest		Practice

Posttest

1. _____
2. _____
3. _____
4. _____
5. _____
6. _____
7. _____
8. _____
9. _____
10. _____
11. _____
12. _____
13. _____
14. _____
15. _____
16. _____
17. _____
18. _____
19. _____
20. _____

Practice

1. _____
2. _____
3. _____
4. _____
5. _____

1. _____
2. _____
3. _____
4. _____
5. _____

1. _____
2. _____
3. _____
4. _____
5. _____

1. _____
2. _____
3. _____
4. _____
5. _____

1. _____
2. _____
3. _____
4. _____
5. _____

1. _____
2. _____
3. _____
4. _____
5. _____

1. _____
2. _____
3. _____
4. _____
5. _____

1. _____
2. _____
3. _____
4. _____
5. _____

Total Correct _____   Total Missed _____

NAME _Toby_

Improving Spelling Performance
Pretest Practice Sheet
Block III

DATE _____ WEEK _____ LEVEL _____

Pretest	**Practice**	
1. _____	1. _____	1. _____
2. _____	2. _____	2. _____
3. _____	3. _____	3. _____
4. _____	4. _____	4. _____
5. _____	5. _____	5. _____
6. _____	1. _____	1. _____
7. _____	2. _____	2. _____
8. _____	3. _____	3. _____
9. _____	4. _____	4. _____
10. _____	5. _____	5. _____
11. _____	1. _____	1. _____
12. _____	2. _____	2. _____
13. _____	3. _____	3. _____
14. _____	4. _____	4. _____
15. _____	5. _____	5. _____
16. _____	1. _____	1. _____
17. _____	2. _____	2. _____
18. _____	3. _____	3. _____
19. _____	4. _____	4. _____
20. _____	5. _____	5. _____

NAME _Toby_

DATE _____ WEEK _____ LEVEL _____

Posttest	Practice	
1. _____	1. _____	1. _____
2. _____	2. _____	2. _____
3. _____	3. _____	3. _____
4. _____	4. _____	4. _____
5. _____	5. _____	5. _____
6. _____	1. _____	1. _____
7. _____	2. _____	2. _____
8. _____	3. _____	3. _____
9. _____	4. _____	4. _____
10. _____	5. _____	5. _____
11. _____	1. _____	1. _____
12. _____	2. _____	2. _____
13. _____	3. _____	3. _____
14. _____	4. _____	4. _____
15. _____	5. _____	5. _____
16. _____	1. _____	1. _____
17. _____	2. _____	2. _____
18. _____	3. _____	3. _____
19. _____	4. _____	4. _____
20. _____	5. _____	5. _____

Total Correct _____   Total Missed _____

NAME _____Toby_____

Improving Spelling Performance
Pretest Practice Sheet
Block III

DATE _____ WEEK _____ LEVEL _____

Pretest	**Practice**	
1. _____	1. _____	1. _____
2. _____	2. _____	2. _____
3. _____	3. _____	3. _____
4. _____	4. _____	4. _____
5. _____	5. _____	5. _____
6. _____	1. _____	1. _____
7. _____	2. _____	2. _____
8. _____	3. _____	3. _____
9. _____	4. _____	4. _____
10. _____	5. _____	5. _____
11. _____	1. _____	1. _____
12. _____	2. _____	2. _____
13. _____	3. _____	3. _____
14. _____	4. _____	4. _____
15. _____	5. _____	5. _____
16. _____	1. _____	1. _____
17. _____	2. _____	2. _____
18. _____	3. _____	3. _____
19. _____	4. _____	4. _____
20. _____	5. _____	5. _____

NAME _____

Improving Spelling Performance
Posttest Practice Sheet
Block III

DATE _____ WEEK _____ LEVEL _____

Posttest	**Practice**	
1. _____	1. _____	1. _____
2. _____	2. _____	2. _____
3. _____	3. _____	3. _____
4. _____	4. _____	4. _____
5. _____	5. _____	5. _____
6. _____	1. _____	1. _____
7. _____	2. _____	2. _____
8. _____	3. _____	3. _____
9. _____	4. _____	4. _____
10. _____	5. _____	5. _____
11. _____	1. _____	1. _____
12. _____	2. _____	2. _____
13. _____	3. _____	3. _____
14. _____	4. _____	4. _____
15. _____	5. _____	5. _____
16. _____	1. _____	1. _____
17. _____	2. _____	2. _____
18. _____	3. _____	3. _____
19. _____	4. _____	4. _____
20. _____	5. _____	5. _____

Total Correct _____   Total Missed _____

Improving Spelling Performance
Pretest Practice Sheet
Block III

DATE _____WEEK _____ LEVEL _____

Pretest	**Practice**	
1. _____	1. _____	1. _____
2. _____	2. _____	2. _____
3. _____	3. _____	3. _____
4. _____	4. _____	4. _____
5. _____	5. _____	5. _____
6. _____	1. _____	1. _____
7. _____	2. _____	2. _____
8. _____	3. _____	3. _____
9. _____	4. _____	4. _____
10. _____	5. _____	5. _____
11. _____	1. _____	1. _____
12. _____	2. _____	2. _____
13. _____	3. _____	3. _____
14. _____	4. _____	4. _____
15. _____	5. _____	5. _____
16. _____	1. _____	1. _____
17. _____	2. _____	2. _____
18. _____	3. _____	3. _____
19. _____	4. _____	4. _____
20. _____	5. _____	5. _____

Improving Spelling Performance
Posttest Practice Sheet
Block III

DATE _____ WEEK _____ LEVEL _____

Posttest	**Practice**	
1. _____	1. _____	1. _____
2. _____	2. _____	2. _____
3. _____	3. _____	3. _____
4. _____	4. _____	4. _____
5. _____	5. _____	5. _____
6. _____	1. _____	1. _____
7. _____	2. _____	2. _____
8. _____	3. _____	3. _____
9. _____	4. _____	4. _____
10. _____	5. _____	5. _____
11. _____	1. _____	1. _____
12. _____	2. _____	2. _____
13. _____	3. _____	3. _____
14. _____	4. _____	4. _____
15. _____	5. _____	5. _____
16. _____	1. _____	1. _____
17. _____	2. _____	2. _____
18. _____	3. _____	3. _____
19. _____	4. _____	4. _____
20. _____	5. _____	5. _____

Total Correct _____   Total Missed _____

Improving Spelling Performance
Pretest Practice Sheet
Block III

DATE _____ WEEK _____ LEVEL _____

Pretest	**Practice**	
1. _____	1. _____	1. _____
2. _____	2. _____	2. _____
3. _____	3. _____	3. _____
4. _____	4. _____	4. _____
5. _____	5. _____	5. _____
6. _____	1. _____	1. _____
7. _____	2. _____	2. _____
8. _____	3. _____	3. _____
9. _____	4. _____	4. _____
10. _____	5. _____	5. _____
11. _____	1. _____	1. _____
12. _____	2. _____	2. _____
13. _____	3. _____	3. _____
14. _____	4. _____	4. _____
15. _____	5. _____	5. _____
16. _____	1. _____	1. _____
17. _____	2. _____	2. _____
18. _____	3. _____	3. _____
19. _____	4. _____	4. _____
20. _____	5. _____	5. _____

NAME _____

Improving Spelling Performance
Posttest Practice Sheet
Block III

DATE _____ WEEK _____ LEVEL _____

Posttest	**Practice**	
1. _____	1. _____	1. _____
2. _____	2. _____	2. _____
3. _____	3. _____	3. _____
4. _____	4. _____	4. _____
5. _____	5. _____	5. _____
6. _____	1. _____	1. _____
7. _____	2. _____	2. _____
8. _____	3. _____	3. _____
9. _____	4. _____	4. _____
10. _____	5. _____	5. _____
11. _____	1. _____	1. _____
12. _____	2. _____	2. _____
13. _____	3. _____	3. _____
14. _____	4. _____	4. _____
15. _____	5. _____	5. _____
16. _____	1. _____	1. _____
17. _____	2. _____	2. _____
18. _____	3. _____	3. _____
19. _____	4. _____	4. _____
20. _____	5. _____	5. _____

Total Correct _____   Total Missed _____

Improving Spelling Performance
Pretest Practice Sheet
Block III

DATE _____ WEEK _____ LEVEL _____

Pretest   **Practice**

1. _____   1. _____   1. _____

2. _____   2. _____   2. _____

3. _____   3. _____   3. _____

4. _____   4. _____   4. _____

5. _____   5. _____   5. _____

6. _____   1. _____   1. _____

7. _____   2. _____   2. _____

8. _____   3. _____   3. _____

9. _____   4. _____   4. _____

10. _____   5. _____   5. _____

11. _____   1. _____   1. _____

12. _____   2. _____   2. _____

13. _____   3. _____   3. _____

14. _____   4. _____   4. _____

15. _____   5. _____   5. _____

16. _____   1. _____   1. _____

17. _____   2. _____   2. _____

18. _____   3. _____   3. _____

19. _____   4. _____   4. _____

20. _____   5. _____   5. _____

Improving Spelling Performance
Posttest Practice Sheet
Block III

DATE _____ WEEK _____ LEVEL _____

Posttest	**Practice**	
1. _____	1. _____	1. _____
2. _____	2. _____	2. _____
3. _____	3. _____	3. _____
4. _____	4. _____	4. _____
5. _____	5. _____	5. _____
6. _____	1. _____	1. _____
7. _____	2. _____	2. _____
8. _____	3. _____	3. _____
9. _____	4. _____	4. _____
10. _____	5. _____	5. _____
11. _____	1. _____	1. _____
12. _____	2. _____	2. _____
13. _____	3. _____	3. _____
14. _____	4. _____	4. _____
15. _____	5. _____	5. _____
16. _____	1. _____	1. _____
17. _____	2. _____	2. _____
18. _____	3. _____	3. _____
19. _____	4. _____	4. _____
20. _____	5. _____	5. _____

Total Correct _____   Total Missed _____

NAME ____________________

Improving Spelling Performance

Pretest Practice Sheet

Block III

DATE ____________________ WEEK __________ LEVEL __________

Pretest	Practice	
1. ________	1. ________	1. ________
2. ________	2. ________	2. ________
3. ________	3. ________	3. ________
4. ________	4. ________	4. ________
5. ________	5. ________	5. ________
6. ________	1. ________	1. ________
7. ________	2. ________	2. ________
8. ________	3. ________	3. ________
9. ________	4. ________	4. ________
10. ________	5. ________	5. ________
11. ________	1. ________	1. ________
12. ________	2. ________	2. ________
13. ________	3. ________	3. ________
14. ________	4. ________	4. ________
15. ________	5. ________	5. ________
16. ________	1. ________	1. ________
17. ________	2. ________	2. ________
18. ________	3. ________	3. ________
19. ________	4. ________	4. ________
20. ________	5. ________	5. ________

Improving Spelling Performance
Posttest Practice Sheet
Block III

DATE _____ WEEK _____ LEVEL _____

Posttest   **Practice**

1. _____   1. _____   1. _____
2. _____   2. _____   2. _____
3. _____   3. _____   3. _____
4. _____   4. _____   4. _____
5. _____   5. _____   5. _____
6. _____   1. _____   1. _____
7. _____   2. _____   2. _____
8. _____   3. _____   3. _____
9. _____   4. _____   4. _____
10. _____ 5. _____   5. _____
11. _____ 1. _____   1. _____
12. _____ 2. _____   2. _____
13. _____ 3. _____   3. _____
14. _____ 4. _____   4. _____
15. _____ 5. _____   5. _____
16. _____ 1. _____   1. _____
17. _____ 2. _____   2. _____
18. _____ 3. _____   3. _____
19. _____ 4. _____   4. _____
20. _____ 5. _____   5. _____

Total Correct _____   Total Missed _____

Improving Spelling Performance
Pretest Practice Sheet
Block III

DATE _____ WEEK _____ LEVEL _____

Pretest		Practice

Pretest

1. _____
2. _____
3. _____
4. _____
5. _____
6. _____
7. _____
8. _____
9. _____
10. _____
11. _____
12. _____
13. _____
14. _____
15. _____
16. _____
17. _____
18. _____
19. _____
20. _____

Practice

1. _____
2. _____
3. _____
4. _____
5. _____
1. _____
2. _____
3. _____
4. _____
5. _____
1. _____
2. _____
3. _____
4. _____
5. _____
1. _____
2. _____
3. _____
4. _____
5. _____

1. _____
2. _____
3. _____
4. _____
5. _____
1. _____
2. _____
3. _____
4. _____
5. _____
1. _____
2. _____
3. _____
4. _____
5. _____
1. _____
2. _____
3. _____
4. _____
5. _____

Improving Spelling Performance
Posttest Practice Sheet
Block III

DATE _____ WEEK _____ LEVEL _____

Posttest	**Practice**	
1. _____	1. _____	1. _____
2. _____	2. _____	2. _____
3. _____	3. _____	3. _____
4. _____	4. _____	4. _____
5. _____	5. _____	5. _____
6. _____	1. _____	1. _____
7. _____	2. _____	2. _____
8. _____	3. _____	3. _____
9. _____	4. _____	4. _____
10. _____	5. _____	5. _____
11. _____	1. _____	1. _____
12. _____	2. _____	2. _____
13. _____	3. _____	3. _____
14. _____	4. _____	4. _____
15. _____	5. _____	5. _____
16. _____	1. _____	1. _____
17. _____	2. _____	2. _____
18. _____	3. _____	3. _____
19. _____	4. _____	4. _____
20. _____	5. _____	5. _____

Total Correct _____   Total Missed _____

Improving Spelling Performance
Pretest Practice Sheet
Block III

DATE _____ WEEK _____ LEVEL _____

Pretest	**Practice**	
1. _____	1. _____	1. _____
2. _____	2. _____	2. _____
3. _____	3. _____	3. _____
4. _____	4. _____	4. _____
5. _____	5. _____	5. _____
6. _____	1. _____	1. _____
7. _____	2. _____	2. _____
8. _____	3. _____	3. _____
9. _____	4. _____	4. _____
10. _____	5. _____	5. _____
11. _____	1. _____	1. _____
12. _____	2. _____	2. _____
13. _____	3. _____	3. _____
14. _____	4. _____	4. _____
15. _____	5. _____	5. _____
16. _____	1. _____	1. _____
17. _____	2. _____	2. _____
18. _____	3. _____	3. _____
19. _____	4. _____	4. _____
20. _____	5. _____	5. _____

Improving Spelling Performance
Posttest Practice Sheet
Block III

DATE _____WEEK _____ LEVEL _____

Posttest	**Practice**	
1. _____	1. _____	1. _____
2. _____	2. _____	2. _____
3. _____	3. _____	3. _____
4. _____	4. _____	4. _____
5. _____	5. _____	5. _____
6. _____	1. _____	1. _____
7. _____	2. _____	2. _____
8. _____	3. _____	3. _____
9. _____	4. _____	4. _____
10. _____	5. _____	5. _____
11. _____	1. _____	1. _____
12. _____	2. _____	2. _____
13. _____	3. _____	3. _____
14. _____	4. _____	4. _____
15. _____	5. _____	5. _____
16. _____	1. _____	1. _____
17. _____	2. _____	2. _____
18. _____	3. _____	3. _____
19. _____	4. _____	4. _____
20. _____	5. _____	5. _____

Total Correct _____   Total Missed _____

Improving Spelling Performance
Pretest Practice Sheet
Block III

DATE _____ WEEK _____ LEVEL _____

Pretest   **Practice**

1. _____   1. _____   1. _____

2. _____   2. _____   2. _____

3. _____   3. _____   3. _____

4. _____   4. _____   4. _____

5. _____   5. _____   5. _____

6. _____   1. _____   1. _____

7. _____   2. _____   2. _____

8. _____   3. _____   3. _____

9. _____   4. _____   4. _____

10. _____   5. _____   5. _____

11. _____   1. _____   1. _____

12. _____   2. _____   2. _____

13. _____   3. _____   3. _____

14. _____   4. _____   4. _____

15. _____   5. _____   5. _____

16. _____   1. _____   1. _____

17. _____   2. _____   2. _____

18. _____   3. _____   3. _____

19. _____   4. _____   4. _____

20. _____   5. _____   5. _____

Improving Spelling Performance
Posttest Practice Sheet
Block III

DATE _____ WEEK _____ LEVEL _____

Posttest		**Practice**
1. _____	1. _____	1. _____
2. _____	2. _____	2. _____
3. _____	3. _____	3. _____
4. _____	4. _____	4. _____
5. _____	5. _____	5. _____
6. _____	1. _____	1. _____
7. _____	2. _____	2. _____
8. _____	3. _____	3. _____
9. _____	4. _____	4. _____
10. _____	5. _____	5. _____
11. _____	1. _____	1. _____
12. _____	2. _____	2. _____
13. _____	3. _____	3. _____
14. _____	4. _____	4. _____
15. _____	5. _____	5. _____
16. _____	1. _____	1. _____
17. _____	2. _____	2. _____
18. _____	3. _____	3. _____
19. _____	4. _____	4. _____
20. _____	5. _____	5. _____

Total Correct _____   Total Missed _____

Improving Spelling Performance
Pretest Practice Sheet
Block III

DATE _____ WEEK _____ LEVEL _____

Pretest	**Practice**	
1. _____	1. _____	1. _____
2. _____	2. _____	2. _____
3. _____	3. _____	3. _____
4. _____	4. _____	4. _____
5. _____	5. _____	5. _____
6. _____	1. _____	1. _____
7. _____	2. _____	2. _____
8. _____	3. _____	3. _____
9. _____	4. _____	4. _____
10. _____	5. _____	5. _____
11. _____	1. _____	1. _____
12. _____	2. _____	2. _____
13. _____	3. _____	3. _____
14. _____	4. _____	4. _____
15. _____	5. _____	5. _____
16. _____	1. _____	1. _____
17. _____	2. _____	2. _____
18. _____	3. _____	3. _____
19. _____	4. _____	4. _____
20. _____	5. _____	5. _____

NAME _____

Improving Spelling Performance
Posttest Practice Sheet
Block III

DATE _____ WEEK _____ LEVEL _____

Posttest   **Practice**

1. _____   1. _____   1. _____
2. _____   2. _____   2. _____
3. _____   3. _____   3. _____
4. _____   4. _____   4. _____
5. _____   5. _____   5. _____
6. _____   1. _____   1. _____
7. _____   2. _____   2. _____
8. _____   3. _____   3. _____
9. _____   4. _____   4. _____
10. _____   5. _____   5. _____
11. _____   1. _____   1. _____
12. _____   2. _____   2. _____
13. _____   3. _____   3. _____
14. _____   4. _____   4. _____
15. _____   5. _____   5. _____
16. _____   1. _____   1. _____
17. _____   2. _____   2. _____
18. _____   3. _____   3. _____
19. _____   4. _____   4. _____
20. _____   5. _____   5. _____

Total Correct _____   Total Missed _____

Improving Spelling Performance
Pretest Practice Sheet
Block III

DATE _____ WEEK _____ LEVEL _____

Pretest	**Practice**	
1. _____	1. _____	1. _____
2. _____	2. _____	2. _____
3. _____	3. _____	3. _____
4. _____	4. _____	4. _____
5. _____	5. _____	5. _____
6. _____	1. _____	1. _____
7. _____	2. _____	2. _____
8. _____	3. _____	3. _____
9. _____	4. _____	4. _____
10. _____	5. _____	5. _____
11. _____	1. _____	1. _____
12. _____	2. _____	2. _____
13. _____	3. _____	3. _____
14. _____	4. _____	4. _____
15. _____	5. _____	5. _____
16. _____	1. _____	1. _____
17. _____	2. _____	2. _____
18. _____	3. _____	3. _____
19. _____	4. _____	4. _____
20. _____	5. _____	5. _____

Improving Spelling Performance
Posttest Practice Sheet
Block III

DATE _____ WEEK _____ LEVEL _____

Posttest	**Practice**	
1. _____	1. _____	1. _____
2. _____	2. _____	2. _____
3. _____	3. _____	3. _____
4. _____	4. _____	4. _____
5. _____	5. _____	5. _____
6. _____	1. _____	1. _____
7. _____	2. _____	2. _____
8. _____	3. _____	3. _____
9. _____	4. _____	4. _____
10. _____	5. _____	5. _____
11. _____	1. _____	1. _____
12. _____	2. _____	2. _____
13. _____	3. _____	3. _____
14. _____	4. _____	4. _____
15. _____	5. _____	5. _____
16. _____	1. _____	1. _____
17. _____	2. _____	2. _____
18. _____	3. _____	3. _____
19. _____	4. _____	4. _____
20. _____	5. _____	5. _____

Total Correct _____   Total Missed _____

Improving Spelling Performance
Pretest Practice Sheet
Block III

DATE _____ WEEK _____ LEVEL _____

Pretest	**Practice**	
1. _____	1. _____	1. _____
2. _____	2. _____	2. _____
3. _____	3. _____	3. _____
4. _____	4. _____	4. _____
5. _____	5. _____	5. _____
6. _____	1. _____	1. _____
7. _____	2. _____	2. _____
8. _____	3. _____	3. _____
9. _____	4. _____	4. _____
10. _____	5. _____	5. _____
11. _____	1. _____	1. _____
12. _____	2. _____	2. _____
13. _____	3. _____	3. _____
14. _____	4. _____	4. _____
15. _____	5. _____	5. _____
16. _____	1. _____	1. _____
17. _____	2. _____	2. _____
18. _____	3. _____	3. _____
19. _____	4. _____	4. _____
20. _____	5. _____	5. _____

Improving Spelling Performance
Posttest Practice Sheet
Block III

DATE _____ WEEK _____ LEVEL _____

Posttest	**Practice**	
1. _____	1. _____	1. _____
2. _____	2. _____	2. _____
3. _____	3. _____	3. _____
4. _____	4. _____	4. _____
5. _____	5. _____	5. _____
6. _____	1. _____	1. _____
7. _____	2. _____	2. _____
8. _____	3. _____	3. _____
9. _____	4. _____	4. _____
10. _____	5. _____	5. _____
11. _____	1. _____	1. _____
12. _____	2. _____	2. _____
13. _____	3. _____	3. _____
14. _____	4. _____	4. _____
15. _____	5. _____	5. _____
16. _____	1. _____	1. _____
17. _____	2. _____	2. _____
18. _____	3. _____	3. _____
19. _____	4. _____	4. _____
20. _____	5. _____	5. _____

Total Correct _____   Total Missed _____

Improving Spelling Performance
Pretest Practice Sheet
Block III

DATE _____ WEEK _____ LEVEL _____

Pretest   **Practice**

1. _____   1. _____   1. _____

2. _____   2. _____   2. _____

3. _____   3. _____   3. _____

4. _____   4. _____   4. _____

5. _____   5. _____   5. _____

6. _____   1. _____   1. _____

7. _____   2. _____   2. _____

8. _____   3. _____   3. _____

9. _____   4. _____   4. _____

10. _____   5. _____   5. _____

11. _____   1. _____   1. _____

12. _____   2. _____   2. _____

13. _____   3. _____   3. _____

14. _____   4. _____   4. _____

15. _____   5. _____   5. _____

16. _____   1. _____   1. _____

17. _____   2. _____   2. _____

18. _____   3. _____   3. _____

19. _____   4. _____   4. _____

20. _____   5. _____   5. _____

NAME _____

Improving Spelling Performance
Posttest Practice Sheet
Block III

DATE _____ WEEK _____ LEVEL _____

Posttest	**Practice**	
1. _____	1. _____	1. _____
2. _____	2. _____	2. _____
3. _____	3. _____	3. _____
4. _____	4. _____	4. _____
5. _____	5. _____	5. _____
6. _____	1. _____	1. _____
7. _____	2. _____	2. _____
8. _____	3. _____	3. _____
9. _____	4. _____	4. _____
10. _____	5. _____	5. _____
11. _____	1. _____	1. _____
12. _____	2. _____	2. _____
13. _____	3. _____	3. _____
14. _____	4. _____	4. _____
15. _____	5. _____	5. _____
16. _____	1. _____	1. _____
17. _____	2. _____	2. _____
18. _____	3. _____	3. _____
19. _____	4. _____	4. _____
20. _____	5. _____	5. _____

Total Correct _____   Total Missed _____

Improving Spelling Performance
Pretest Practice Sheet
Block III

DATE _____ WEEK _____ LEVEL _____

Pretest	**Practice**	**Practice**
1. _____	1. _____	1. _____
2. _____	2. _____	2. _____
3. _____	3. _____	3. _____
4. _____	4. _____	4. _____
5. _____	5. _____	5. _____
6. _____	1. _____	1. _____
7. _____	2. _____	2. _____
8. _____	3. _____	3. _____
9. _____	4. _____	4. _____
10. _____	5. _____	5. _____
11. _____	1. _____	1. _____
12. _____	2. _____	2. _____
13. _____	3. _____	3. _____
14. _____	4. _____	4. _____
15. _____	5. _____	5. _____
16. _____	1. _____	1. _____
17. _____	2. _____	2. _____
18. _____	3. _____	3. _____
19. _____	4. _____	4. _____
20. _____	5. _____	5. _____

Improving Spelling Performance
Posttest Practice Sheet
Block III

DATE _____ WEEK _____ LEVEL _____

Posttest   ### Practice

1. _____   1. _____   1. _____

2. _____   2. _____   2. _____

3. _____   3. _____   3. _____

4. _____   4. _____   4. _____

5. _____   5. _____   5. _____

6. _____   1. _____   1. _____

7. _____   2. _____   2. _____

8. _____   3. _____   3. _____

9. _____   4. _____   4. _____

10. _____   5. _____   5. _____

11. _____   1. _____   1. _____

12. _____   2. _____   2. _____

13. _____   3. _____   3. _____

14. _____   4. _____   4. _____

15. _____   5. _____   5. _____

16. _____   1. _____   1. _____

17. _____   2. _____   2. _____

18. _____   3. _____   3. _____

19. _____   4. _____   4. _____

20. _____   5. _____   5. _____

Total Correct _____   Total Missed _____

Improving Spelling Performance
Pretest Practice Sheet
Block III

DATE _____ WEEK _____ LEVEL _____

Pretest		**Practice**
1. _____	1. _____	1. _____
2. _____	2. _____	2. _____
3. _____	3. _____	3. _____
4. _____	4. _____	4. _____
5. _____	5. _____	5. _____
6. _____	1. _____	1. _____
7. _____	2. _____	2. _____
8. _____	3. _____	3. _____
9. _____	4. _____	4. _____
10. _____	5. _____	5. _____
11. _____	1. _____	1. _____
12. _____	2. _____	2. _____
13. _____	3. _____	3. _____
14. _____	4. _____	4. _____
15. _____	5. _____	5. _____
16. _____	1. _____	1. _____
17. _____	2. _____	2. _____
18. _____	3. _____	3. _____
19. _____	4. _____	4. _____
20. _____	5. _____	5. _____

NAME _____

Improving Spelling Performance
Posttest Practice Sheet
Block III

DATE _____ WEEK _____ LEVEL _____

Posttest	**Practice**	
1. _____	1. _____	1. _____
2. _____	2. _____	2. _____
3. _____	3. _____	3. _____
4. _____	4. _____	4. _____
5. _____	5. _____	5. _____
6. _____	1. _____	1. _____
7. _____	2. _____	2. _____
8. _____	3. _____	3. _____
9. _____	4. _____	4. _____
10. _____	5. _____	5. _____
11. _____	1. _____	1. _____
12. _____	2. _____	2. _____
13. _____	3. _____	3. _____
14. _____	4. _____	4. _____
15. _____	5. _____	5. _____
16. _____	1. _____	1. _____
17. _____	2. _____	2. _____
18. _____	3. _____	3. _____
19. _____	4. _____	4. _____
20. _____	5. _____	5. _____

Total Correct _____   Total Missed _____

Improving Spelling Performance
Pretest Practice Sheet
Block III

DATE _____ WEEK _____ LEVEL _____

Pretest		Practice
1. _____	1. _____	1. _____
2. _____	2. _____	2. _____
3. _____	3. _____	3. _____
4. _____	4. _____	4. _____
5. _____	5. _____	5. _____
6. _____	1. _____	1. _____
7. _____	2. _____	2. _____
8. _____	3. _____	3. _____
9. _____	4. _____	4. _____
10. _____	5. _____	5. _____
11. _____	1. _____	1. _____
12. _____	2. _____	2. _____
13. _____	3. _____	3. _____
14. _____	4. _____	4. _____
15. _____	5. _____	5. _____
16. _____	1. _____	1. _____
17. _____	2. _____	2. _____
18. _____	3. _____	3. _____
19. _____	4. _____	4. _____
20. _____	5. _____	5. _____

Improving Spelling Performance
Posttest Practice Sheet
Block III

DATE _____ WEEK _____ LEVEL _____

Posttest	**Practice**	
1. _____	1. _____	1. _____
2. _____	2. _____	2. _____
3. _____	3. _____	3. _____
4. _____	4. _____	4. _____
5. _____	5. _____	5. _____
6. _____	1. _____	1. _____
7. _____	2. _____	2. _____
8. _____	3. _____	3. _____
9. _____	4. _____	4. _____
10. _____	5. _____	5. _____
11. _____	1. _____	1. _____
12. _____	2. _____	2. _____
13. _____	3. _____	3. _____
14. _____	4. _____	4. _____
15. _____	5. _____	5. _____
16. _____	1. _____	1. _____
17. _____	2. _____	2. _____
18. _____	3. _____	3. _____
19. _____	4. _____	4. _____
20. _____	5. _____	5. _____

Total Correct _____   Total Missed _____

Improving Spelling Performance
Pretest Practice Sheet
Block III

DATE _____ WEEK _____ LEVEL _____

Pretest	**Practice**	
1. _____	1. _____	1. _____
2. _____	2. _____	2. _____
3. _____	3. _____	3. _____
4. _____	4. _____	4. _____
5. _____	5. _____	5. _____
6. _____	1. _____	1. _____
7. _____	2. _____	2. _____
8. _____	3. _____	3. _____
9. _____	4. _____	4. _____
10. _____	5. _____	5. _____
11. _____	1. _____	1. _____
12. _____	2. _____	2. _____
13. _____	3. _____	3. _____
14. _____	4. _____	4. _____
15. _____	5. _____	5. _____
16. _____	1. _____	1. _____
17. _____	2. _____	2. _____
18. _____	3. _____	3. _____
19. _____	4. _____	4. _____
20. _____	5. _____	5. _____

Improving Spelling Performance
Posttest Practice Sheet
Block III

DATE _____ WEEK _____ LEVEL _____

Posttest   **Practice**

1. _____   1. _____   1. _____

2. _____   2. _____   2. _____

3. _____   3. _____   3. _____

4. _____   4. _____   4. _____

5. _____   5. _____   5. _____

6. _____   1. _____   1. _____

7. _____   2. _____   2. _____

8. _____   3. _____   3. _____

9. _____   4. _____   4. _____

10. _____   5. _____   5. _____

11. _____   1. _____   1. _____

12. _____   2. _____   2. _____

13. _____   3. _____   3. _____

14. _____   4. _____   4. _____

15. _____   5. _____   5. _____

16. _____   1. _____   1. _____

17. _____   2. _____   2. _____

18. _____   3. _____   3. _____

19. _____   4. _____   4. _____

20. _____   5. _____   5. _____

Total Correct _____   Total Missed _____

Improving Spelling Performance
Pretest Practice Sheet
Block III

DATE _____ WEEK _____ LEVEL _____

Pretest   **Practice**

1. _____   1. _____   1. _____
2. _____   2. _____   2. _____
3. _____   3. _____   3. _____
4. _____   4. _____   4. _____
5. _____   5. _____   5. _____
6. _____   1. _____   1. _____
7. _____   2. _____   2. _____
8. _____   3. _____   3. _____
9. _____   4. _____   4. _____
10. _____   5. _____   5. _____
11. _____   1. _____   1. _____
12. _____   2. _____   2. _____
13. _____   3. _____   3. _____
14. _____   4. _____   4. _____
15. _____   5. _____   5. _____
16. _____   1. _____   1. _____
17. _____   2. _____   2. _____
18. _____   3. _____   3. _____
19. _____   4. _____   4. _____
20. _____   5. _____   5. _____

Improving Spelling Performance
Posttest Practice Sheet
Block III

DATE _____ WEEK _____ LEVEL _____

Posttest   **Practice**

1. _____   1. _____   1. _____

2. _____   2. _____   2. _____

3. _____   3. _____   3. _____

4. _____   4. _____   4. _____

5. _____   5. _____   5. _____

6. _____   1. _____   1. _____

7. _____   2. _____   2. _____

8. _____   3. _____   3. _____

9. _____   4. _____   4. _____

10. _____   5. _____   5. _____

11. _____   1. _____   1. _____

12. _____   2. _____   2. _____

13. _____   3. _____   3. _____

14. _____   4. _____   4. _____

15. _____   5. _____   5. _____

16. _____   1. _____   1. _____

17. _____   2. _____   2. _____

18. _____   3. _____   3. _____

19. _____   4. _____   4. _____

20. _____   5. _____   5. _____

Total Correct _____   Total Missed _____

Improving Spelling Performance
Maintenance Test (Weeks   )

NAME: _____ BLOCK: _____ LEVEL: _____

1. _____	26. _____	Words missed
2. _____	27. _____	• _____
3. _____	28. _____	• _____
4. _____	29. _____	• _____
5. _____	30. _____	• _____
6. _____	31. _____	• _____
7. _____	32. _____	• _____
8. _____	33. _____	• _____
9. _____	34. _____	• _____
10. _____	35. _____	• _____
11. _____	36. _____	• _____
12. _____	37. _____	• _____
13. _____	38. _____	• _____
14. _____	39. _____	• _____
15. _____	40. _____	• _____
16. _____	41. _____	• _____
17. _____	42. _____	• _____
18. _____	43. _____	• _____
19. _____	44. _____	• _____
20. _____	45. _____	• _____
21. _____	46. _____	• _____
22. _____	47. _____	• _____
23. _____	48. _____	• _____
24. _____	49. _____	• _____
25. _____	50. _____	• _____
	Total Correct: _____	• _____
	Total Missed: _____	• _____

Improving Spelling Performance
Maintenance Test (Weeks   )

NAME: _____ BLOCK: _____ LEVEL: _____

1. _____	26. _____	Words missed
2. _____	27. _____	• _____
3. _____	28. _____	• _____
4. _____	29. _____	• _____
5. _____	30. _____	• _____
6. _____	31. _____	• _____
7. _____	32. _____	• _____
8. _____	33. _____	• _____
9. _____	34. _____	• _____
10. _____	35. _____	• _____
11. _____	36. _____	• _____
12. _____	37. _____	• _____
13. _____	38. _____	• _____
14. _____	39. _____	• _____
15. _____	40. _____	• _____
16. _____	41. _____	• _____
17. _____	42. _____	• _____
18. _____	43. _____	• _____
19. _____	44. _____	• _____
20. _____	45. _____	• _____
21. _____	46. _____	• _____
22. _____	47. _____	• _____
23. _____	48. _____	• _____
24. _____	49. _____	• _____
25. _____	50. _____	• _____
	Total Correct: _____	• _____
	Total Missed: _____	• _____

59

Improving Spelling Performance
Maintenance Test (Weeks   )

NAME: _____ BLOCK: _____ LEVEL: _____

		Words missed
1. _____	26. _____	
2. _____	27. _____	• _____
3. _____	28. _____	• _____
4. _____	29. _____	• _____
5. _____	30. _____	• _____
6. _____	31. _____	• _____
7. _____	32. _____	• _____
8. _____	33. _____	• _____
9. _____	34. _____	• _____
10. _____	35. _____	• _____
11. _____	36. _____	• _____
12. _____	37. _____	• _____
13. _____	38. _____	• _____
14. _____	39. _____	• _____
15. _____	40. _____	• _____
16. _____	41. _____	• _____
17. _____	42. _____	• _____
18. _____	43. _____	• _____
19. _____	44. _____	• _____
20. _____	45. _____	• _____
21. _____	46. _____	• _____
22. _____	47. _____	• _____
23. _____	48. _____	• _____
24. _____	49. _____	• _____
25. _____	50. _____	• _____
	Total Correct: _____	• _____
	Total Missed: _____	• _____

_____   _____   _____

_____   _____   _____

_____   _____   _____

_____   _____   _____

_____   _____   _____

_____   _____   _____

_____   _____   _____

_____   _____   _____

_____   _____   _____

_____   _____   _____

_____   _____   _____

_____   _____   _____

_____   _____   _____

_____   _____   _____

_____   _____   _____

_____   _____   _____

_____   _____   _____

_____   _____   _____

_____   _____   _____

_____   _____   _____

_____   _____   _____

Improving Spelling Performance
Maintenance Test (Weeks   )

NAME: _____ BLOCK: _____ LEVEL: _____

		Words missed
1. _____	26. _____	
2. _____	27. _____	• _____
3. _____	28. _____	• _____
4. _____	29. _____	• _____
5. _____	30. _____	• _____
6. _____	31. _____	• _____
7. _____	32. _____	• _____
8. _____	33. _____	• _____
9. _____	34. _____	• _____
10. _____	35. _____	• _____
11. _____	36. _____	• _____
12. _____	37. _____	• _____
13. _____	38. _____	• _____
14. _____	39. _____	• _____
15. _____	40. _____	• _____
16. _____	41. _____	• _____
17. _____	42. _____	• _____
18. _____	43. _____	• _____
19. _____	44. _____	• _____
20. _____	45. _____	• _____
21. _____	46. _____	• _____
22. _____	47. _____	• _____
23. _____	48. _____	• _____
24. _____	49. _____	• _____
25. _____	50. _____	• _____
	Total Correct: _____	• _____
	Total Missed: _____	• _____

Improving Spelling Performance
Maintenance Test (Weeks   )

NAME: _____   BLOCK: _____ LEVEL: _____

1. _____	26. _____	Words missed
2. _____	27. _____	• _____
3. _____	28. _____	• _____
4. _____	29. _____	• _____
5. _____	30. _____	• _____
6. _____	31. _____	• _____
7. _____	32. _____	• _____
8. _____	33. _____	• _____
9. _____	34. _____	• _____
10. _____	35. _____	• _____
11. _____	36. _____	• _____
12. _____	37. _____	• _____
13. _____	38. _____	• _____
14. _____	39. _____	• _____
15. _____	40. _____	• _____
16. _____	41. _____	• _____
17. _____	42. _____	• _____
18. _____	43. _____	• _____
19. _____	44. _____	• _____
20. _____	45. _____	• _____
21. _____	46. _____	• _____
22. _____	47. _____	• _____
23. _____	48. _____	• _____
24. _____	49. _____	• _____
25. _____	50. _____	• _____
	Total Correct: _____	• _____
	Total Missed: _____	• _____

Improving Spelling Performance
Maintenance Test (Weeks   )

NAME: _____ BLOCK: _____ LEVEL: _____

		Words missed
1. _____	26. _____	
2. _____	27. _____	• _____
3. _____	28. _____	• _____
4. _____	29. _____	• _____
5. _____	30. _____	• _____
6. _____	31. _____	• _____
7. _____	32. _____	• _____
8. _____	33. _____	• _____
9. _____	34. _____	• _____
10. _____	35. _____	• _____
11. _____	36. _____	• _____
12. _____	37. _____	• _____
13. _____	38. _____	• _____
14. _____	39. _____	• _____
15. _____	40. _____	• _____
16. _____	41. _____	• _____
17. _____	42. _____	• _____
18. _____	43. _____	• _____
19. _____	44. _____	• _____
20. _____	45. _____	• _____
21. _____	46. _____	• _____
22. _____	47. _____	• _____
23. _____	48. _____	• _____
24. _____	49. _____	• _____
25. _____	50. _____	• _____
	Total Correct: _____	• _____
	Total Missed: _____	• _____

Improving Spelling Performance
Practice the Misspelled Words

Improving Spelling Performance
Maintenance Test (Weeks   )

NAME: _____ BLOCK: _____ LEVEL: _____

1. _____	26. _____	Words missed
2. _____	27. _____	• _____
3. _____	28. _____	• _____
4. _____	29. _____	• _____
5. _____	30. _____	• _____
6. _____	31. _____	• _____
7. _____	32. _____	• _____
8. _____	33. _____	• _____
9. _____	34. _____	• _____
10. _____	35. _____	• _____
11. _____	36. _____	• _____
12. _____	37. _____	• _____
13. _____	38. _____	• _____
14. _____	39. _____	• _____
15. _____	40. _____	• _____
16. _____	41. _____	• _____
17. _____	42. _____	• _____
18. _____	43. _____	• _____
19. _____	44. _____	• _____
20. _____	45. _____	• _____
21. _____	46. _____	• _____
22. _____	47. _____	• _____
23. _____	48. _____	• _____
24. _____	49. _____	• _____
25. _____	50. _____	• _____
	Total Correct: _____	• _____
	Total Missed: _____	• _____

Improving Spelling Performance
Maintenance Test (Weeks   )

NAME: _____ BLOCK: _____ LEVEL: _____

1. _____	26. _____	Words missed
2. _____	27. _____	• _____
3. _____	28. _____	• _____
4. _____	29. _____	• _____
5. _____	30. _____	• _____
6. _____	31. _____	• _____
7. _____	32. _____	• _____
8. _____	33. _____	• _____
9. _____	34. _____	• _____
10. _____	35. _____	• _____
11. _____	36. _____	• _____
12. _____	37. _____	• _____
13. _____	38. _____	• _____
14. _____	39. _____	• _____
15. _____	40. _____	• _____
16. _____	41. _____	• _____
17. _____	42. _____	• _____
18. _____	43. _____	• _____
19. _____	44. _____	• _____
20. _____	45. _____	• _____
21. _____	46. _____	• _____
22. _____	47. _____	• _____
23. _____	48. _____	• _____
24. _____	49. _____	• _____
25. _____	50. _____	• _____
	Total Correct: _____	• _____
	Total Missed: _____	• _____

Improving Spelling Performance

Weekly Word Lists

Improving Spelling Performance
Weekly Word Lists
Block III

WEEK __4__ DATE _____   GRADE _____

Level 1	Level 2	Level 3
1. scrap	1. shining	1. across
2. canary	2. background	2. airplanes
3. should	3. prices	3. becoming
4. olive	4. risk	4. chart
5. shades	5. acted	5. rip
6. thumb	6. gifts	6. earth
7. moment	7. farther	7. weeds
8. coward	8. gulf	8. windy
9. remember	9. carpenter	9. barks
10. person	10. flash	10. finest
11. cousin	11. printing	11. loud
12. divide	12. program	12. hoping
13. engage	13. glasses	13. painter
14. hollow	14. fancy	14. fond
15. greater	15. beating	15. hour
16. setting	16. baseball	16. itself
17. joined	17. shortly	17. monkey
18. loaded	18. rates	18. midnight
19. regarded	19. placing	19. protest
20. tight	20. stairs	20. vast

Improving Spelling Performance
Weekly Word Lists
Block III

WEEK __4__ DATE _____   GRADE _____

Level 4	Level 5
1. outdoors	1. sick
2. plane	2. wall
3. spring	3. there
4. price	4. shop
5. rivers	5. weeks
6. rice	6. tan
7. pole	7. snow
8. mud	8. said
9. crop	9. over
10. ducks	10. page
11. cards	11. why
12. under	12. around
13. aside	13. too
14. faster	14. skin
trying	15. deep
deep	16. band
ink	17. must
ons	18. mile
19	19. flying
20.	20. till

Improving Spelling Performance
Weekly Word Lists
Block III

WEEK __5__ DATE _____   GRADE _____

Level 1	Level 2	Level 3
1. advice	1. forgotten	1. wished
2. following	2. point	2. stone
3. greatest	3. shouted	3. asks
4. journey	4. basketball	4. nail
5. honor	5. dull	5. given
6. simple	6. present	6. mild
7. between	7. bought	7. close
8. reminds	8. dislike	8. load
9. twenty	9. alarm	9. lists
10. monster	10. rented	10. fame
11. slept	11. formed	11. hundred
12. swear	12. pencils	12. packed
13. canyon	13. forward	13. household
14. sitting	14. placed	14. belonged
15. chickens	15. drain	15. corners
16. answer	16. power	16. study
17. crew	17. police	17. newspaper
18. digging	18. all right	18. mix
19. engine	19. sizes	19. restore
20. thrill	20. studying	20. enough

Improving Spelling Performance
Weekly Word Lists
Block III

WEEK __5__ DATE _____   GRADE _____

Garret

Level 4	Level 5
1. flower	1. milking
2. sells	2. sand
3. jogger	3. news
4. sake	4. night
5. host	5. they
6. dry	6. song
7. opens	7. schools
8. dollar	8. sold
9. March	9. any
10. staying	10. seven
11. goes	11. grass
12. pin	12. low
13. flyer	13. past
14. dried	14. want
15. dew	15. arm
16. cries	16. beside
17. ray	17. dot
18. road	18. kind
19. pray	19. deer
20. clown	20. Monday

Improving Spelling Performance
Weekly Word Lists
Block III

WEEK __6__ DATE _____   GRADE _____

Level 1	Level 2	Level 3
1. advise	1. slender	1. sure
2. peace	2. eighth	2. talk
3. biggest	3. notebooks	3. booklets
4. ladies	4. pale	4. ready
5. careful	5. agree	5. bean
6. monthly	6. banana	6. rack
7. steal	7. pencil	7. shout
8. phone	8. anybody	8. space
9. hopeful	9. pains	9. places
10. repaired	10. enjoying	10. branch
11. grocer	11. position	11. wait
12. ordered	12. reaching	12. yards
13. field	13. flour	13. warn
14. removed	14. department	14. tiger
15. enjoy	15. slid	15. worms
16. greetings	16. delighted	16. horses
17. stranger	17. orders	17. pairs
18. loan	18. youth	18. office
19. term	19. beans	19. robin
20. teaches	20. blaze	20. wine

Improving Spelling Performance
Weekly Word Lists
Block III

Garret

nick

Level 4	Level 5
1. anyway	1. coat
2. every	2. glad
3. hunting	3. mat
4. form	4. pies
5. brings	5. caps
6. four	6. direct
7. fear	7. puts
8. handy	8. weed
9. dressing	9. art
10. however	10. saying
11. worked	11. grow
12. walking	12. nest
13. ugly	13. sit
14. hurt	14. someone
15. desert	15. goats
16. grew	16. somebody
17. hook	17. putting
18. slowly	18. miss
19. rope	19. butter
20. lime	20. mar

Improving Spelling Performance
Weekly Word Lists
Block III

Level 1	Level 2	Level 3
1. afterwards	1. duty	1. badly
2. kindest	2. movie	2. depart
3. foolish	3. paid	3. carpet
4. post office	4. organ	4. dresses
5. loser	5. nearly	5. caves
6. unless	6. wonder	6. bone
7. monument	7. racer	7. rained
8. phoned	8. dearest	8. rider
9. repairs	9. runner	9. display
10. carols	10. nineteen	10. killing
11. returned	11. parted	11. mouse
12. ordering	12. driven	12. owns
13. striking	13. handled	13. pail
14. theme	14. reach	14. steak
15. crossed	15. owner	15. war
16. thoughts	16. delight	16. pretty
17. principal	17. socks	17. pipes
18. humble	18. nicely	18. passing
19. counted	19. drift	19. roommate
20. teachers	20. taste	20. clocks

Improving Spelling Performance
Weekly Word Lists
Block III

WEEK __7__ DATE _____   GRADE _____

Level 4	Level 5
1. washing	1. outline
2. copies	2. older
3. deeply	3. test
4. darkness	4. seen
5. schoolhouse	5. then
6. half	6. being
7. master	7. city
8. saves	8. fall
9. bend	9. gold
10. few	10. ice
11. chill	11. apples
12. keeping	12. show
13. moonlight	13. end
14. stir	14. ear
15. among	15. much
16. third	16. cart
17. floor	17. walls
18. cool	18. football
19. crazy	19. falls
20. aid	20. wanted

Improving Spelling Performance
Weekly Word Lists
Block III

WEEK __8__ DATE _____   GRADE _____

Level 1	Level 2	Level 3
1. animal	1. deck	1. beef
2. blackboard	2. meal	2. dash
3. force	3. agent	3. files
4. vanish	4. music	4. ahead
5. riddle	5. orange	5. weak
6. title	6. catalog	6. another
7. pickles	7. sorts	7. whenever
8. resort	8. nearer	8. readers
9. pumpkin	9. races	9. plates
10. overcharge	10. contents	10. reports
11. niece	11. detail	11. sheet
12. thrilling	12. church	12. sticks
13. discover	13. wondering	13. treat
14. extent	14. dined	14. window
15. confess	15. grown	15. walked
16. hungry	16. steel	16. forever
17. knee	17. often	17. railway
18. lonely	18. membership	18. pushed
19. moss	19. covers	19. lettuce
20. suffer	20. tied	20. dart

Improving Spelling Performance
Weekly Word Lists
Block III

WEEK __8__ DATE _____   GRADE _____

Level 4	Level 5
1. pass	1. bedroom
2. penny	2. eats
3. oil	3. makes
4. wants	4. cans
5. sort	5. girls
6. stays	6. hope
7. slide	7. save
8. trips	8. looked
9. fork	9. forget
10. anything	10. beds
11. begun	11. give
12. key	12. show
13. dug	13. played
14. pizza	14. fell
15. winter	15. trim
16. crush	16. net
17. even	17. nights
18. coast	18. thank
19. oak	19. things
20. clubs	20. walks

Improving Spelling Performance
Weekly Word Lists
Block III

WEEK __9__ DATE _____   GRADE _____

Level 1	Level 2	Level 3
1. animals	1. counting	1. won
2. troop	2. ninth	2. covering
3. forty	3. maple	3. drag
4. catalogs	4. sleet	4. blast
5. picture	5. stern	5. buyer
6. visitor	6. cape	6. chose
7. student	7. mixed	7. junk
8. rude	8. cherry	8. month
9. choose	9. matches	9. cheer
10. overdue	10. minds	10. glow
11. throw	11. wicked	11. smart
12. curl	12. burning	12. yourself
13. tribes	13. country	13. trick
14. extra	14. proud	14. rolls
15. growth	15. wired	15. pride
16. illness	16. zero	16. worn
17. knife	17. mostly	17. rainbow
18. longest	18. build	18. replace
19. romance	19. stoop	19. smile
20. studying	20. arch	20. dated

Improving Spelling Performance
Weekly Word Lists
Block III

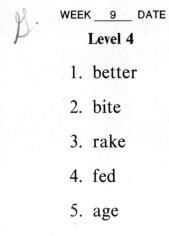

WEEK __9__ DATE _____   GRADE _____

Level 4	Level 5
1. better	1. bee
2. bite	2. wind
3. rake	3. owe
4. fed	4. eggs
5. age	5. tar
6. hunter	6. walk
7. gate	7. pans
8. rod	8. sat
9. would	9. rain
10. wash	10. stops
11. tie	11. our
12. tide	12. rest
13. pays	13. coming
14. port	14. plays
15. row	15. now
16. task	16. ate
17. blowing	17. bring
18. Saturday	18. lets
19. gate	19. paper
20. spent	20. sometimes

Improving Spelling Performance
Weekly Word Lists
Block III

WEEK __10__ DATE _____   GRADE _____

Level 1	Level 2	Level 3
1. apartment	1. stories	1. basket
2. forwarded	2. colored	2. camping
3. catching	3. jaw	3. corner
4. pictures	4. listen	4. afraid
5. warehouse	5. marry	5. hoe
6. trunk	6. wondered	6. marks
7. claimed	7. whole	7. fixed
8. Monday	8. bolts	8. grant
9. roaster	9. tribe	9. none
10. upward	10. content	10. chop
11. dispose	11. proper	11. fished
12. failed	12. broke	12. handed
13. habit	13. western	13. grape
14. climate	14. lambs	14. handsome
15. knot	15. meetings	15. driver
16. loss	16. brought	16. thinking
17. movement	17. taxes	17. crack
18. ruling	18. toil	18. scout
19. climbed	19. main	19. sound
20. struck	20. naming	20. fresh

Improving Spelling Performance 12-4-92
Weekly Word Lists
Block III

Matt - 15
Clint -
Heather

WEEK __10__ DATE _____   GRADE _____

Level 4	Level 5
1. closed	1. belong
2. sleeps	2. without
3. players	3. told
4. miles	4. with
5. houses	5. nine
6. cone	6. of
7. hunt	7. plant
8. lips	8. cloudy
9. posted	9. homes
10. bud	10. butter
11. glass	11. house
12. hike	12. lit
13. northwest	13. cannot
14. ours	14. hop
15. order	15. gets
16. August	16. games
17. traps	17. guns
18. sane	18. bake
19. clock	19. fine
20. eyes	20. right

94

Improving Spelling Performance
Weekly Word Lists
Block III

WEEK __11__ DATE _____   GRADE _____

Level 1	Level 2	Level 3
1. wander	1. circus	1. bunch
2. frankly	2. mailed	2. arose
3. movies	3. laughed	3. bind
4. absent	4. voted	4. evening
5. route	5. hung	5. fighting
6. travel	6. press	6. already
7. bleeding	7. trace	7. brick
8. canned	8. theater	8. harder
9. juice	9. clothing	9. track
10. cleared	10. cattle	10. growing
11. owing	11. ideal	11. bless
12. dairy	12. lighted	12. finger
13. uncles	13. pillow	13. blocks
14. doctor	14. watching	14. nod
15. faint	15. cheap	15. hose
16. carefully	16. throw	16. tape
17. impress	17. winner	17. sharp
18. known	18. marked	18. seals
19. lowest	19. habits	19. mouth
20. scarf	20. whip	20. grove

Improving Spelling Performance
Weekly Word Lists
Block III

12-11-92

WEEK __11__ DATE _____   GRADE _____

Level 4	Level 5
1. nobody	1. calling
2. chicken	2. from
3. logs	3. door
4. pal	4. lost
5. helps	5. gas
6. gives	6. think
7. lame	7. bank
8. ill	8. anyone
9. cement	9. barn
10. shall	10. game
11. spoke	11. loved
12. woke	12. gave
13. wide	13. hit
14. lower	14. wish
15. table	15. bats
16. color	16. helping
17. those	17. roll
18. chores	18. years
19. vow	19. becomes
20. streets	20. inside

Improving Spelling Performance
Weekly Word Lists
Block III

WEEK __12__ DATE _____   GRADE _____

Level 1	Level 2	Level 3
1. apron	1. ticket	1. heat
2. dancing	2. locked	2. insist
3. cause	3. item	3. lard
4. bodies	4. together	4. smoke
5. pitch	5. cared	5. fisherman
6. breaking	6. waited	6. attic
7. blessing	7. safely	7. rank
8. welcome	8. howling	8. please
9. clerk	9. wearing	9. honey
10. lumber	10. remarks	10. September
11. doctors	11. center	11. sack
12. fallen	12. visiting	12. queen
13. hail	13. listing	13. snows
14. kindness	14. trail	14. stood
15. language	15. caused	15. trains
16. lucky	16. lump	16. improve
17. watch	17. manner	17. sight
18. owned	18. worm	18. sounds
19. faith	19. meals	19. stamps
20. strike	20. missed	20. high school

Improving Spelling Performance
Weekly Word Lists
Block III   12-18-92

WEEK __12__ DATE _____   GRADE _____

Level 4	Level 5
1. clay	1. ball
2. bears	2. dinner
3. thin	3. oral
4. chewing	4. colder
5. tend	5. pigs
6. born	6. hens
7. dip	7. stay
8. clean	8. dolls
9. beat	9. outside
10. both	10. called
11. farming	11. booklet
12. evil	12. pie
13. latest	13. woods
14. brand	14. sad
15. root	15. doorway
16. hid	16. duck
17. tender	17. falling
18. score	18. boats
19. sum	19. forgot
20. sweet	20. sang

Improving Spelling Performance
Weekly Word Lists
Block III

WEEK __13__ DATE _____   GRADE _____

Level 1	Level 2	Level 3
1. wears	1. bows	1. able
2. roast	2. understood	2. chairs
3. garage	3. lean	3. beach
4. seeking	4. swift	4. dare
5. wonderful	5. informed	5. brave
6. bluff	6. limit	6. snake
7. pity	7. gown	7. faces
8. basement	8. candle	8. giving
9. cell	9. useful	9. fence
10. whoever	10. kept	10. canning
11. upper	11. vacation	11. case
12. winds	12. leaves	12. driveway
13. joint	13. Thursday	13. seemed
14. family	14. tooth	14. lift
15. fried	15. burnt	15. money
16. hammer	16. unpaid	16. tools
17. inches	17. liking	17. soda
18. largest	18. untie	18. stage
19. magic	19. lined	19. himself
20. steer	20. invent	20. paw

Improving Spelling Performance
Weekly Word Lists
Block III

1-8-93
12-11

WEEK __13__ DATE _____   GRADE _____

Level 4	Level 5
1. owl	1. away
2. rugs	2. dear
3. rode	3. hats
4. sell	4. nose
5. poor	5. foods
6. roses	6. dig
7. rings	7. live
8. recall	8. foot
9. reader	9. ~~hats~~
10. rag	10. hear
11. sits	11. back
12. selling	12. help
13. story	13. doing
14. yesterday	14. bad
15. sorry	15. doll
16. bear	16. each
17. teeth	17. letter
18. leaf	18. ears
19. peep	19. met
20. lemon	20. pond

Improving Spelling Performance
Weekly Word Lists
Block III

Level 1	**Level 2**	**Level 3**
1. towel	1. binding	1. blew
2. lately	2. uncle	2. draw
3. dawn	3. helpless	3. buys
4. large	4. hamburger	4. feel
5. maid	5. until	5. dim
6. writers	6. regard	6. link
7. women	7. glove	7. task
8. planning	8. blush	8. lip
9. board	9. bloom	9. frame
10. selfish	10. twice	10. rear
11. writes	11. idea	11. playmate
12. sharpen	12. unable	12. opened
13. chain	13. stunt	13. stem
14. vain	14. gathering	14. blank
15. closet	15. informing	15. grave
16. downstairs	16. velvet	16. blind
17. dozen	17. install	17. stayed
18. favored	18. leading	18. cost
19. fright	19. invited	19. thick
20. handle	20. helpful	20. lead

Improving Spelling Performance
Weekly Word Lists
Block III

WEEK __14__ DATE _____   GRADE _____

Level 4	Level 5
1. afternoon	1. cakes
2. standing	2. ant
3. jumping	3. brown
4. class	4. blue
5. spend	5. hall
6. dine	6. fire
7. jam	7. ham
8. hunt	8. lay
9. start	9. let
10. kite	10. box
11. lamps	11. happy
12. head	12. likes
13. list	13. boat
14. wake	14. line
15. bid	15. asking
16. trade	16. indoors
17. tables	17. map
18. stands	18. waters
19. tank	19. log
20. tin	20. plans

Improving Spelling Performance
Weekly Word Lists
Block III

WEEK __15__ DATE _____   GRADE _____

Level 1	Level 2	Level 3
1. artist	1. balloon	1. led
2. dealer	2. votes	2. fort
3. young	3. kindly	3. hardly
4. angel	4. turns	4. hut
5. shirts	5. boil	5. self
6. mainly	6. stable	6. plum
7. pleases	7. turning	7. porch
8. chalk	8. reform	8. shells
9. painting	9. heel	9. raw
10. shipments	10. forms	10. bride
11. clothes	11. because	11. besides
12. valley	12. bases	12. anywhere
13. drawn	13. worry	13. died
14. fearful	14. guess	14. cares
15. froze	15. lamb	15. dream
16. handled	16. happen	16. ages
17. dentist	17. heard	17. sunshine
18. laugh	18. trucks	18. such
19. nearest	19. tower	19. trap
20. staff	20. friend	20. meeting

Improving Spelling Performance
Weekly Word Lists
Block III   Mott, Clint
2-1-93

WEEK __15__ DATE _____   GRADE _____

Level 4	Level 5
1. behind	1. adding
2. lines	2. father
3. contest	3. grows
4. fee	4. far
5. eight	5. comes
6. wild	6. eating
7. only	7. pet
8. fold	8. seeing
9. plate	9. three
10. raining	10. work
11. hits	11. most
12. joke	12. having
13. held	13. long
14. lakes	14. as
15. lots	15. cups
16. wooden	16. apple
17. swing	17. hard
18. wife	18. leg
19. words	19. lives
20. apart	20. pins

NAME _____

TEACHER _____

Improving Spelling Performance
Weekly Word Lists
Block III

WEEK __16__ DATE _____   GRADE _____

Level 1	Level 2	Level 3
1. ashes	1. visited	1. drug
2. laughing	2. globe	2. rabbits
3. Wednesday	3. hoped	3. shoes
4. dealings	4. thought	4. almost
5. boiler	5. zebra	5. defend
6. sickness	6. male	6. sisters
7. cough	7. rainy	7. frost
8. plenty	8. southwest	8. fool
9. chance	9. tube	9. larger
10. parent	10. flight	10. lark
11. vary	11. flame	11. heads
12. clouds	12. proved	12. jars
13. dread	13. alter	13. tires
14. feelings	14. anger	14. grades
15. fruit	15. freedom	15. grip
16. handles	16. therefore	16. Tuesday
17. include	17. spite	17. swell
18. shovel	18. jail	18. teams
19. sewed	19. goose	19. unlike
20. shade	20. clipping	20. myself

Improving Spelling Performance
Weekly Word Lists
Block III

WEEK __16__ DATE _____   GRADE _____

Level 4	Level 5
1. bear	1. bill
2. silly	2. am
3. drink	3. bus
4. feed	4. fly
5. fill	5. hills
6. fry	6. candy
7. longer	7. dress
8. front	8. dad
9. letters	9. pen
10. place	10. pony
11. ink	11. working
12. lamp	12. nap
13. luck	13. park
14. grandfather	14. slow
15. parts	15. camp
16. snowing	16. bags
17. started	17. hold
18. blind	18. grandmother
19. cost	19. been
20. fireplace	20. lands

Improving Spelling Performance
Weekly Word Lists
Block III

WEEK __17__ DATE _____   GRADE _____

Level 1	Level 2	Level 3
1. hunger	1. advance	1. bowl
2. death	2. tear	2. flow
3. bore	3. friends	3. act
4. marbles	4. true	4. days
5. sign	5. harvest	5. belongs
6. changed	6. shower	6. filled
7. poems	7. tracks	7. shooting
8. code	8. plus	8. thanks
9. giant	9. tired	9. invite
10. dreamed	10. wrote	10. hem
11. feels	11. woman	11. lies
12. shopping	12. perhaps	12. omit
13. happier	13. tried	13. seal
14. kitchen	14. treated	14. pile
15. lawns	15. highway	15. starting
16. nerve	16. everybody	16. whom
17. parents	17. floors	17. tax
18. simply	18. folder	18. temper
19. Saturday	19. thunder	19. wishes
20. scorn	20. murder	20. namely

Improving Spelling Performance
Weekly Word Lists
Block III

WEEK __17__ DATE _____   GRADE _____

Level 4	Level 5
1. upset	1. air
2. sport	2. fat
3. bread	3. after
4. parks	4. land
5. also	5. girl
6. bedtime	6. card
7. role	7. more
8. harm	8. them
9. Friday	9. thing
10. keeps	10. named
11. mark	11. willing
12. homesick	12. yet
13. July	13. by
14. above	14. boat
15. fur	15. hers
16. crossing	16. hands
17. stamp	17. bills
18. began	18. before
19. ends	19. goat
20. everyone	20. wanting

Improving Spelling Performance
Weekly Word Lists
Block III

WEEK __18__ DATE _____   GRADE _____

Level 1	Level 2	Level 3
1. awful	1. suits	1. vote
2. friendship	2. bitter	2. waiting
3. pointed	3. wear	3. washed
4. changing	4. tablet	4. stick
5. marched	5. fifty	5. seventh
6. single	6. needed	6. poles
7. bottles	7. tickets	7. pound
8. brain	8. fully	8. rich
9. coffee	9. stake	9. sale
10. drill	10. newspapers	10. spending
11. female	11. April	11. wise
12. furnish	12. notes	12. wolf
13. hardest	13. blade	13. suit
14. informal	14. laws	14. cleaned
15. package	15. stain	15. grab
16. nicest	16. text	16. wheels
17. method	17. fingers	17. visits
18. frozen	18. fled	18. cash
19. rulers	19. greet	19. neck
20. sample	20. downstairs	20. shore

Improving Spelling Performance
Weekly Word Lists
Block III

Level 4	Level 5
1. race	1. sung
2. sob	2. bells
3. farmer	3. got
4. alike	4. add
5. husband	5. joy
6. rains	6. bag
7. rides	7. fox
8. kids	8. looks
9. hair	9. doors
10. life	10. balls
11. rang	11. down
12. rub	12. get
13. o'clock	13. hog
14. own	14. buy
15. truck	15. little
16. dresser	16. bet
17. ringing	17. brother
18. less	18. could
19. hogs	19. small
20. ice cream	20. your

Improving Spelling Performance
Weekly Word Lists
Block III

WEEK __19__ DATE _____   GRADE _____

Level 1	Level 2	Level 3
1. awhile	1. blanks	1. bush
2. polite	2. using	2. dance
3. passed	3. teachers	3. boss
4. charge	4. gather	4. bike
5. mass	5. melt	5. herself
6. points	6. slope	6. inn
7. comb	7. teaspoon	7. mob
8. ski	8. stump	8. swings
9. pupil	9. fare	9. tail
10. ribbon	10. softly	10. remove
11. fifteen	11. waste	11. smaller
12. gained	12. fees	12. tiny
13. hardware	13. cashed	13. slip
14. potatoes	14. meets	14. unhappy
15. pardon	15. shipment	15. knew
16. nickel	16. discount	16. oven
17. weather	17. getting	17. airplane
18. royal	18. filing	18. dressed
19. marched	19. drunk	19. dating
20. pudding	20. soil	20. finds

Improving Spelling Performance
Weekly Word Lists
Block III

WEEK __19__ DATE _____   GRADE _____

Level 4	Level 5
1. sides	1. fish
2. cream	2. bird
3. puff	3. along
4. ever	4. just
5. ground	5. wing
6. paying	6. nice
7. mail	7. took
8. wing	8. seed
9. ships	9. wood
10. rock	10. tide
11. push	11. part
12. snowman	12. cook
13. party	13. gum
14. chair	14. king
15. torn	15. cold
16. tents	16. fathers
17. rather	17. kill
18. tenth	18. mills
19. rolling	19. became
20. might	20. last

Improving Spelling Performance
Weekly Word Lists
Block III

WEEK __20__ DATE _____   GRADE _____

Level 1	Level 2	Level 3
1. babies	1. children's	1. coal
2. deeds	2. slight	2. army
3. brake	3. uses	3. desks
4. charged	4. tasted	4. sore
5. brains	5. sheds	5. somewhere
6. comfort	6. float	6. belt
7. dues	7. fail	7. hours
8. gentle	8. fourth	8. meet
9. debt	9. means	9. smell
10. taught	10. crops	10. warmer
11. instead	11. steep	11. wagon
12. leader	12. lose	12. alone
13. matters	13. cute	13. base
14. noble	14. skip	14. cross
15. passes	15. talent	15. drum
16. begged	16. marry	16. fears
17. wires	17. vice	17. bathing
18. railroads	18. feeling	18. early
19. speaks	19. shown	19. drew
20. correct	20. hotel	20. torn

Improving Spelling Performance
Weekly Word Lists
Block III

WEEK __20__ DATE _____   GRADE _____

Level 4	Level 5
1. October	1. cows
2. pulled	2. gun
3. swim	3. flag
4. others	4. dime
5. path	5. ask
6. rate	6. cut
7. sixteen	7. hand
8. catch	8. lot
9. taken	9. seas
10. vine	10. player
11. pine	11. noon
12. full	12. well
13. bugs	13. Sunday
14. nails	14. not
15. below	15. black
16. gift	16. spot
17. planting	17. pot
18. ants	18. never
19. east	19. drive
20. inch	20. corn

Improving Spelling Performance
Weekly Word Lists
Block III

WEEK __21__ DATE _____   GRADE _____

Level 1	Level 2	Level 3
1. bare	1. delivery	1. hanging
2. breath	2. upstairs	2. living
3. powder	3. fellow	3. packing
4. charges	4. lazy	4. remind
5. company	5. lining	5. hugs
6. delightful	6. shipping	6. teacher
7. earn	7. tale	7. whatever
8. filed	8. spy	8. understand
9. gently	9. easy	9. used
10. heal	10. lively	10. turn
11. insure	11. crime	11. windows
12. leads	12. sharply	12. roof
13. meaning	13. dirty	13. rolled
14. noise	14. shine	14. forest
15. pasture	15. truth	15. thanked
16. purple	16. enter	16. bunk
17. widow	17. fever	17. beard
18. spoil	18. fact	18. eaten
19. refund	19. sew	19. alone
20. regards	20. brush	20. outstanding

Improving Spelling Performance
Weekly Word Lists
Block III

WEEK __21__ DATE _____   GRADE _____

Level 4	Level 5
1. bark	1. keep
2. maker	2. milk
3. carry	3. soon
4. file	4. other
5. cover	5. saw
6. ended	6. lap
7. flowers	7. cowboy
8. cane	8. try
9. cuts	9. sun
10. cage	10. feet
11. felt	11. towns
12. fix	12. cent
13. bent	13. who
14. lasted	14. this
15. pant	15. what
16. peaches	16. win
17. hang	17. tent
18. papers	18. tip
19. neat	19. baby
20. nothing	20. arms

Improving Spelling Performance
Weekly Word Lists
Block III

WEEK __22__ DATE _____   GRADE _____

Level 1	Level 2	Level 3
1. iron	1. rim	1. yell
2. patch	2. dishes	2. twist
3. broken	3. toss	3. use
4. powerful	4. sports	4. wage
5. charging	5. drawing	5. team
6. consent	6. strain	6. sleds
7. departments	7. heap	7. pleased
8. eighteen	8. seek	8. shoot
9. finished	9. crash	9. short
10. gleam	10. learn	10. pump
11. January	11. strong	11. ripe
12. interest	12. sailed	12. which
13. leaving	13. drinking	13. wool
14. melted	14. eleven	14. workers
15. northwestern	15. ladder	15. mailing
16. enclosing	16. trusting	16. cases
17. winning	17. sandwich	17. bigger
18. proposed	18. feast	18. everyday
19. stated	19. during	19. wax
20. range	20. due	20. ranch

Improving Spelling Performance
Weekly Word Lists
Block III

WEEK __22__ DATE _____   GRADE _____

Level 4	Level 5
1. wells	1. May
2. brothers	2. pop
3. drop	3. no
4. ways	4. west
5. buying	5. hay
6. sin	6. seem
7. mind	7. run
8. train	8. within
9. sending	9. bell
10. horn	10. tells
11. playhouse	11. spelling
12. telling	12. pat
13. sunlight	13. daddy
14. grandma	14. side
15. flew	15. open
16. hate	16. food
17. kitten	17. cats
18. opening	18. fishing
19. pages	19. funny
20. report	20. finding

Improving Spelling Performance
Weekly Word Lists
Block III

WEEK ___23___ DATE _____   GRADE _____

Level 1	Level 2	Level 3
1. bathe	1. reporting	1. golf
2. lesson	2. sober	2. pair
3. built	3. tears	3. club
4. charming	4. draft	4. leap
5. memory	5. stocking	5. cleaning
6. contract	6. fairly	6. bones
7. depending	7. deliver	7. number
8. eighty	8. refuse	8. bringing
9. firecrackers	9. sales	9. lock
10. bookkeeping	10. cloud	10. hiding
11. heaps	11. payments	11. blame
12. interested	12. lace	12. everywhere
13. member	13. import	13. cord
14. nurse	14. clearing	14. stout
15. powers	15. fade	15. billed
16. equal	16. stole	16. flock
17. February	17. knows	17. carrying
18. problems	18. railroad	18. oldest
19. stations	19. tons	19. matter
20. groups	20. rise	20. rights

Improving Spelling Performance
Weekly Word Lists
Block III

Level 4	Level 5
1. trip	1. how
2. block	2. read
3. shoe	3. become
4. wings	4. times
5. round	5. books
6. takes	6. ones
7. crow	7. had
8. rabbit	8. cooking
9. banks	9. men
10. sail	10. mad
11. showed	11. spell
12. grand	12. wet
13. yellow	13. sky
14. snap	14. some
15. body	15. pets
16. hugs	16. gone
17. lone	17. say
18. jumped	18. put
19. obey	19. talking
20. rested	20. runs

Improving Spelling Performance
Weekly Word Lists
Block III

Level 1	Level 2	Level 3
1. battle	1. kicked	1. writer
2. lessons	2. thankful	2. hooks
3. burn	3. prize	3. trust
4. preach	4. sailing	4. smoking
5. chose	5. closing	5. dates
6. peach	6. understanding	6. wore
7. copper	7. speaking	7. grind
8. deposit	8. potato	8. sway
9. elbow	9. split	9. pounds
10. dropped	10. dirt	10. lovely
11. goodness	11. crowd	11. weekly
12. hero	12. prints	12. platform
13. interesting	13. cutting	13. talks
14. members	14. slice	14. starts
15. ocean	15. loads	15. posters
16. plainly	16. danger	16. fund
17. intended	17. knowing	17. classes
18. stockings	18. depend	18. gloves
19. pumpkins	19. firm	19. rating
20. results	20. their	20. sank

Improving Spelling Performance
Weekly Word Lists
Block III

WEEK ___24___ DATE _____   GRADE _____

Level 4	Level 5
1. mend	1. light
2. asleep	2. mate
3. mate	3. town
4. drove	4. pipe
5. wave	5. toy
6. billing	6. two
7. picked	7. mill
8. pipe	8. sings
9. songs	9. us
10. scrub	10. dogs
11. bands	11. reads
12. mean	12. mothers
13. landed	13. cry
14. moved	14. rid
15. white	15. stars
16. lane	16. new
17. mowed	17. pay
18. wed	18. was
19. needs	19. maybe
20. robe	20. sing

Improving Spelling Performance
Weekly Word Lists
Block III

WEEK __25__ DATE _____   GRADE _____

Level 1	Level 2	Level 3
1. beam	1. postmaster	1. bound
2. letting	2. necks	2. linger
3. burned	3. meantime	3. outlined
4. pretend	4. inviting	4. event
5. chasing	5. drawn	5. keeper
6. depth	6. sweep	6. bow
7. umbrella	7. jelly	7. dining
8. flashlight	8. plums	8. bright
9. evenings	9. check	9. mist
10. highest	10. strip	10. fight
11. echo	11. cried	11. laying
12. television	12. skating	12. filling
13. occupation	13. clear	13. outfit
14. peanut	14. mount	14. brass
15. pocket	15. sadly	15. speak
16. human	16. middle	16. deed
17. prison	17. proof	17. dances
18. stroke	18. vines	18. relate
19. carried	19. cloth	19. seats
20. splendid	20. chicks	20. sleepy

Improving Spelling Performance
Weekly Word Lists
Block III

WEEK __25__ DATE _____   GRADE _____

Level 4	Level 5
1. worker	1. next
2. killed	2. very
3. holding	3. six
4. lad	4. way
5. lived	5. tops
6. lady	6. are
7. wishing	7. note
8. kid	8. he
9. write	9. bat
10. banker	10. cap
11. tag	11. reading
12. eye	12. cow
13. yard	13. home
14. jar	14. when
15. cents	15. your
16. dead	16. know
17. golden	17. goods
18. drank	18. lake
19. saved	19. week
20. sets	20. something

Improving Spelling Performance
Weekly Word Lists
Block III

WEEK __26__ DATE _____   GRADE _____

Level 1	Level 2	Level 3
1. shelter	1. oranges	1. anymore
2. destroy	2. sounded	2. market
3. button	3. busy	3. baking
4. prevent	4. states	4. sacks
5. pilgrim	5. chapter	5. teach
6. else	6. cheek	6. awake
7. fleet	7. paste	7. return
8. wrap	8. bushes	8. cookies
9. highly	9. closer	9. farmers
10. scared	10. payment	10. strings
11. escaped	11. picnic	11. awoke
12. mighty	12. skates	12. sink
13. occupied	13. campus	13. moving
14. penmanship	14. copy	14. watered
15. proven	15. prove	15. dreams
16. quite	16. intend	16. graders
17. banner	17. stock	17. demand
18. stronger	18. beast	18. holy
19. primary	19. creek	19. roads
20. reward	20. smiling	20. snowballs

Improving Spelling Performance
Weekly Word Lists
Block III

WEEK __26__ DATE _____   GRADE _____

Level 4	Level 5
1. lion	1. sheep
2. asked	2. top
3. forgive	3. if
4. spoons	4. for
5. ending	5. went
6. hind	6. red
7. mine	7. same
8. high	8. find
9. seat	9. cake
10. cast	10. love
11. state	11. post
12. desk	12. its
13. jumps	13. date
14. stores	14. fun
15. inform	15. sometime
16. done	16. hill
17. plow	17. feeds
18. tune	18. nest
19. bond	19. pig
20. snowed	20. late

Improving Spelling Performance
Weekly Word Lists
Block III

WEEK __27__ DATE _____   GRADE _____

Level 1	Level 2	Level 3
1. younger	1. merry	1. calf
2. island	2. rules	2. notebook
3. quick	3. skill	3. tore
4. trained	4. bolt	4. kittens
5. hobby	5. sixty	5. horseback
6. twelve	6. shell	6. drinks
7. stereo	7. mistake	7. offer
8. follow	8. happens	8. crown
9. providing	9. birth	9. paint
10. record	10. rare	10. coin
11. flood	11. reported	11. belonging
12. sailor	12. scare	12. deal
13. enjoyed	13. one-half	13. delay
14. reply	14. cabin	14. shut
15. Wednesday	15. acting	15. does
16. pierce	16. tardy	16. count
17. stopped	17. border	17. former
18. offices	18. snowy	18. south
19. chief	19. bother	19. saving
20. serving	20. hiking	20. sooner

Improving Spelling Performance
Weekly Word Lists
Block III

WEEK ___27___ DATE _____   GRADE _____

Level 4	Level 5
1. pulls	1. helped
2. law	2. toys
3. silk	3. her
4. cave	4. hen
5. sugar	5. stand
6. later	6. bed
7. still	7. ship
8. gray	8. grade
9. overlooked	9. yes
10. everything	10. trees
11. banking	11. sleep
12. daylight	12. call
13. sons	13. take
14. film	14. singing
15. whine	15. rat
16. peanuts	16. missing
17. south	17. hot
18. stopped	18. bees
19. count	19. mother
20. shot	20. pick

_____   _____
_____   _____
_____   _____
_____   _____
_____   _____
_____   _____
_____   _____
_____   _____
_____   _____
_____   _____
_____   _____
_____   _____
_____   _____
_____   _____
_____   _____
_____   _____
_____   _____
_____   _____
_____   _____
_____   _____
_____   _____

IMPROVING SPELLING PERFORMANCE
Block III
Personal List
Words Missed in Writing

_____   _____

_____   _____

_____   _____

_____   _____

_____   _____

_____   _____

_____   _____

_____   _____

_____   _____

_____   _____

_____   _____

_____   _____

_____   _____

_____   _____

_____   _____

_____   _____

_____   _____

_____   _____

_____   _____

_____   _____